フライパン
ひとつで
魚のごちそう

ダンノマリコ

青春出版社

簡単なだけではありません。

「魚って、こんなにおいしいんだ」

そう思っていただけるレシピです。

自宅で〝ミナトゴハン〟という小さな会を毎月開いています。

〝ミナト〟と〝ゴハン〟がつくだけにご想像がつくと思いますが、

主に魚介を使ったワークショップや食事会です。

日本では初夏はかつお、秋はさけ、冬にはぶりなど、

季節ごとに魅力的な魚介が水揚げされます。

さらに流通も発達し、海外から空輸された生のサーモンまで手軽に買えます。

そんなバラエティに富んだ魚介たちを食べないのは、全くもってもったいないお話。

どうしたらこの魚たちの魅力を伝えられるか、日々試行錯誤しながら、

その月のテーマや味つけを決めています。

この本では普段使いの白いごはんに合うおかずから、

お店に行った気分になれるお酒に合うメニューまで、

おうちのフライパンひとつで手軽にできるようにアレンジしました。

材料も近所のスーパーや鮮魚店で手に入りやすいものを使っていますので、

その日の気分やシーンに合わせて、

気軽にお魚ライフをお楽しみいただければうれしいです。

ダンノマリコ

フライパンひとつで魚のごちそう

menu

5

居酒屋の魚のごちそう

アジアな魚のごちそう

＊材料は2人分です。

＊大さじ1は15ml、小さじ1は5mlです。

焼く

炒める

煮る

蒸す

ゆでる

揚げる

魚料理はフライパンひとつで、
こんなにできる

焼塩を使うと、まんべんなく塩がふれます

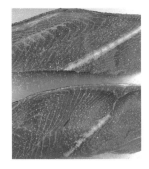

焼塩はサラサラしているので、魚全体にまんべんなくふりかけられます。こうすることで、魚の余分な水分が均一に出てきますし、塩味を均等につけることもできるのです。

焼塩がないときは、粗塩を600Wの電子レンジで30秒ほど加熱して、冷めたら指でつぶすように細かくしていけば、サラサラの塩になります。本書のレシピでは、焼塩を使用したほうがいい場合は「焼塩」、特に焼塩でなくてもいい場合は「塩」と記しています。

薄く塩をふって10分おき、水気を拭き取って臭みをとります

切り身魚はこうするだけで、格段においしくいただけます。

もしもドリップがたくさん出ている場合は、塩分3％（水1カップに塩小さじ1強）の塩水で洗ってから、キッチンペーパーで水気を拭き取りましょう。

背ビレや胸ビレは、キッチンバサミで切り落とします

フライパンで煮魚を作るときなど、加熱によってヒレが立ってきて扱いにくくなることがあります。

また、尾ビレがあるとフライパンにおさまらなかったり、曲がったまま加熱して、裏に返すときに崩れてしまうこともあります。あらかじめ背ビレや胸ビレ、尾ビレは、キッチンバサミで切ってしまいましょう。

もっと魚がおいしくなる6つのコツ

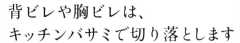

火を止めて余熱で火を通すと、パサパサになりません

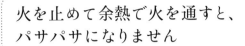

魚は脂が少ないものほど、火を通しすぎるとパサパサとした食感になってしまいます。肉よりも気持ち加熱時間を少なくするよう心がけましょう。

煮たり蒸したりしたときは、8割方火を通して、あとはフタをして余熱で火を通すくらいがちょうどいいです。

身の厚い魚は切り込みを入れると、ふっくら仕上がります

魚の切り身に火を通す時間の目安は、長くても15分。身の厚い魚や骨のあるものは、厚みのある部分に切り込みを入れることで短時間で火が入るので、均一に火が通ります。

保存は水気を拭き取って、ラップでぴっちり包みます

切り身魚も刺身用の魚も、冷蔵庫で保存する場合は水気を拭き取って、キッチンペーパー、ラップの順でぴっちり包みます。キッチンペーパーは魚から出てくるドリップを吸わせるため、ラップは魚を酸素に触れさせないためです。さらにコンテナ、または密閉できる保存容器など、空気を遮断するものに入れると安心です。

フレンチな魚のごちそう

すずきのポワレ、ゆずこしょうクリームソース

魚の表面をカリッと焼きつける
ポワレやソテーは、
皮の面積が多めのもののほうが、
焼いたときに身がふっくら仕上がります。

材料

すずきの切り身	2切れ
白菜	小2枚
ごぼう	10cmほど
オリーブオイル	大さじ2
焼塩	適量
ゆずこしょう	少々
A 生クリーム	100ml
A 白ワイン	100ml

作り方

1. すずきは皮目に切り込みを入れて、全体に薄く焼塩をふる。

2. 白菜の芯は細切りに、葉は3〜4cmのざく切りにする。ごぼうは包丁で縦に十字の切り込みを入れ、ピーラーでささがきにする。

3. フライパンにオリーブオイル大さじ1を熱し、白菜を入れて弱火で炒め、やわらかくなったら器に盛りつける。

4. 3のフライパンにオリーブオイル大さじ1を足してごぼうを入れ、中火にかける。焦げないよう火加減を調節しながらときどき混ぜて、水分が抜けてカリッとしたら取り出す。

5. 1の水気を拭き取って、改めて全体に焼塩をふり、4のフライパンに皮目を下にして並べ入れ、中火にかける。最初の1分ほど反り返らないようにフライ返しで押さえて焼きつけ（写真）、7〜8割火が通ったら裏返し、火を止めて1〜2分そのままおいて余熱で火を入れ、3の白菜の上に盛りつける。

6. フライパンの油を拭き取って、Aを入れて火にかけ、半量以下になるまで煮詰めて5のすずきのまわりに注ぎ、4のごぼうを飾る。

夏はマルスズキ、冬はヒラスズキがおいしい。

こんな魚でも

たい、いさき

10

きんめだいの
漁師風ブイヤベース

煮込んだ野菜を裏ごしするなど、
手間のかかる工程は省いた、
ちょっと豪快な漁師風のブイヤベースです。

材料

きんめだい	1尾（30cmくらい）
あさり	200g
玉ねぎ	1/4コ
セロリ	10cm
にんじん	細めのところ5cm
トマト（完熟）	小1コ
にんにく	1かけ
アンチョビ	4～5枚
水	500ml
白ワイン	50ml
焼塩、塩、こしょう	各適量
オリーブオイル	大さじ3
〈アイオリソース〉	
卵黄	1コ
オリーブオイル	50ml
レモン汁	小さじ1
おろしにんにく	少々
塩	2～3つまみ
パプリカパウダー	適宜

ウロコと内蔵は魚屋さんにとってもらいましょう。

こんな魚でも

きんめだいの切り身（煮る時間を10分にする）、
めばる、えび

フレンチ

作り方

1. アイオリソースを作る。卵黄にオリーブオイルを少しずつ加えながら混ぜて、乳化させる。レモン汁、おろしにんにく、塩で味をととのえ、好みでパプリカパウダーをふる。

2. 玉ねぎ、セロリ、にんじんは薄切りにする。トマトは1cm角に、にんにく、アンチョビはみじん切りにする。

3. きんめだいは胸ビレと尾ビレをキッチンバサミで切り落とし、全体に（お腹の中も）まんべんなく焼塩をふって、30分以上おく。

4. フライパンにオリーブオイル、にんにく、アンチョビを入れて中火にかけ、香りがたったら玉ねぎ、セロリ、にんじんを炒め、しんなりしてカサが半分になったらトマト、水を加え、フタをして野菜がやらかくなるまで10分ほど弱火で煮込む。

5. 4に水気を拭いたきんめだいを入れて白ワインを注いで中火にし、沸騰したらフツフツ煮立つ程度の火加減に弱めて、ときどき魚にスープをかけながらフタをして20分ほど煮る。途中、煮汁が少なくなってきたら水（分量外）を足す。あさりを加えて、口が開いたら火を止め、塩こしょうで味をととのえる。

ムール貝のパセリバターソース

フレンチ

ごく簡単な貝のワイン蒸しも、蒸し汁を利用したソースを添えれば、ごちそうになりますね。

材料

ムール貝	500g
白ワイン	50ml

A	パセリのみじん切り	1/3カップ
	にんにくのみじん切り	大さじ1
	バター	50g
	オリーブオイル	大さじ2

こんな魚でも
あさり、はまぐり

作り方

1. ムール貝は茶色いヒモのような部分を左右に動かしながら引いて取り除き（写真）、貝同士をこすり合わせながら汚れを落とす。

2. フライパンにムール貝を入れて白ワインを回しかけ、フタをして強火にかける。ムール貝の口が開いたら器に盛りつける。

3. 2のフライパンに残った蒸し汁を中火で煮詰め、Aを加えて乳化させるようによく混ぜ合わせ、ソースとして2に添える。

かじきまぐろのラタトゥイユ

かじきまぐろは最後に入れることで、しっとり仕上がります。

材料

かじきまぐろ	2切れ
玉ねぎ	1/2コ
ズッキーニ	1/2本
なす	1本
トマト	中1コ
にんにく	1かけ
オリーブオイル	大さじ3
塩	適量
バジル	適宜

こんな魚でも
さわら、まぐろ

作り方

1. 玉ねぎ、ズッキーニ、なす、トマトは1〜2cmの角切りにする。にんにくはつぶす。かじきまぐろは2〜3等分して、塩小さじ1/2とオリーブオイル大さじ1をもみこむ。

2. フライパンにオリーブオイル大さじ2とにんにくを入れて中火にかけ、香りがたったら玉ねぎ、ズッキーニ、なす、トマトの順に炒め合わせ、フタをして野菜がやらかくなるまで10分ほど煮る。

3. 塩で味をととのえ、野菜の上にかじきまぐろを並べ入れ、フタをして弱火で2〜3分蒸し煮にする。

4. かじきまぐろに火が通ったら、好みでバジルを飾る。

たらと白子のグラタン風

生たらも白子もさっとゆでこぼし、特有のくさみを取ってから調理するのが、おいしく仕上げるコツ。とろっと濃厚な白子と生クリームで、ベシャメルソースいらずのグラタンです。

材料

生たら	2切れ
たら白子	200g
長ねぎ	1本
バター	10g
生クリーム	少々
おろしにんにく	少々
粉チーズ	大さじ1
パン粉	大さじ2
塩	適量

作り方

1. パン粉は塩少々を加え、焼き色がつくまで乾煎りする。長ねぎは縦に4等分してから3cm長さに切る。

2. 生たらは塩小さじ1をまぶして30分おき、表面に出てきた水気と塩を洗い流し、骨を取り除きながらひと口大に切る。白子はハサミで食べやすい大きさに切る(写真a)。それぞれを2％の塩を加えた熱湯(熱湯500mlに対して塩約小さじ2)に入れ、表面が白くなったらすぐに取り出す(写真b)。

3. フライパンにバターと長ねぎを入れて弱火にかける。長ねぎがやわらかくなったら、生クリーム、おろしにんにくを加え、とろみがつくまで煮詰める。

4. 2のたらと白子を加えて5分ほど弱火で煮込み、塩で味を薄めにととのえて器に盛りつけ、熱いうちに粉チーズと1のパン粉をかける。

フレンチ

a

b

白子は白く、ヒダがくっきりしたものを。

16

スモークサーモンとチーズのガレット

ガレットの生地は、そば粉ではなく手軽な小麦粉で。すりごまを生地に加えて、香りをプラスしています。

材料　26cmのフライパンで2枚分

スモークサーモンの切り落とし
・・・・・・・・・・・・・・・・・・・・・・・・ 80g
好みのチーズ（シュレッドチーズ、
ブルーチーズ、カマンベールなど）
・・・・・・・・・・・・・・・・・・・・・ 適量
バター・・・・・・・・・・・・・・・・・・・ 10g
生野菜（ルッコラ、ベビーリーフ など）
・・・・・・・・・・・・・・・・・・・・・ 適量

A
┃ 薄力粉・・・・・・・・・・・・・・・ 40g
┃ すりごま・・・・・・・・・・・ 大さじ2
┃ 牛乳または水・・・・・・・・・120ml
┃ （量を加減しながら加える）
┃ 塩・・・・・・・・・・・・・・ ひとつまみ

作り方

1. ボウルにAを入れてダマにならないように混ぜ合わせ、30分以上ねかせる。

2. フライパンを弱めの中火にかけ、熱くなったらバター5gを入れて溶かし、1の生地の半量を流し入れ、フライパンを回すようにして丸く広げる。

3. 表面が乾き、縁が少しはがれて焼き色がついてきたら（写真）皿に広げる。同様にもう1枚焼く。

4. 3にスモークサーモンと、好みのチーズを食べやすい大きさにして盛りつけ、縁を内側に折り込み、生野菜を添える。

生地はすっと下に流れ落ちる程度の濃さに。

18

イタリアンな魚のごちそう

まぐろの生ハム巻きグリル、
野菜とケッパーのソース

豚肉に生ハムを巻いて焼く「サルティンボッカ」というイタリア料理があります。
これは言ってみれば、「まぐろのサルティンボッカ風」。
まぐろはレアで仕上げます。

材料

まぐろ	1柵（200〜250g）
生ハム	大4枚
薄力粉	適量
焼塩	適量
オリーブオイル	大さじ1
〈ソース〉	
ケッパー	大さじ1
玉ねぎ	大さじ2
オリーブオイル	大さじ2
レモン汁	少々
わさび	少々

こんな魚でも

かつお、ほたて（刺身用）

作り方

1. まぐろは全体に焼塩をふって常温に30分ほどおき、表面に出てきた水気を拭き取り、半分に切る。

2. ソースを作る。ケッパー、玉ねぎは粗みじん切りにし、オリーブオイル、レモン汁、わさびと合わせる。

3. まな板に生ハム2枚を十字に重ねて広げ、薄力粉を茶こしでふり、中央にまぐろおいて、生ハムで包む。同様にもう1つ作る。

4. フライパンにオリーブオイルを中火で熱し、3の巻き終わりを下にして並べ入れ、両面を1分30秒ずつ焼いて取り出し、2つ重ねてアルミホイルで包んで5分おく。

5. 食べやすい厚さに切って盛りつけ、2のソースをかける。

きはだまぐろ、本まぐろなど

何を使ってもOK！

あじのチーズガーリック焼き、かりかりパン粉がけ

あじやいわしのパン粉焼きも、オーブンを使わずに、フライパンだけなら気軽に作れます。焼いたパン粉の香ばしさが、おいしさの秘密です。

材料

あじ・・・・・・・・・・・・・・・・・	3尾(200g)
(三枚におろしたもの)	
ミニトマト・・・・・・・・・・・・・・・	3コ
焼塩・・・・・・・・・・・・・・・・・・・	適量
パン粉・・・・・・・・・・・・・・・	1/2カップ
オリーブオイル・・・・・・・・・・・・	少々

A
粉チーズ・・・・・・・・・	大さじ3
おろしにんにく・・・・・・	小さじ1/2
オリーブオイル・・・・・・	大さじ1

作り方

1. Aを混ぜ合わせる。
2. あじは小骨が気になる場合は骨抜きで取り除き、全体に焼塩をふる。ミニトマトは薄切りにする。
3. フライパンにパン粉と焼塩ひとつまみを合わせて中火にかけ、ゆすりながら全体に焼き目をつけてバットに取り出す。
4. 3のフライパンにオリーブオイルを中火で熱し、あじの皮を下にして並べ入れる。
5. 焼き目がついたら裏返し、フライパンの油を拭いて、あじに1をかけ、フタをして弱火で1〜2分蒸し焼きにする。器に盛りつけ、ミニトマトをのせる。
6. フライパンに残った汁に3のパン粉を戻し入れてうまみを吸わせ、5のあじにたっぷりかける。

イタリアン

お店でおろしてもらうなら

身の厚いものを選びましょう。

小骨はここです。

こんな魚でも
いわし、さんま、さば

22

あじの開きとハーブの
ホイル包み焼き

朝ごはんの定番のあじの干物も、たたんで、ハーブをはさんで焼くことで、イタリアンなひと皿に。爽やかな香りが白ワインによく合います。干物なので、味つけの必要はありません。

はさんだだけでこのおいしさ……

こんな魚でも
さんまの干物、かますの干物、ほっけの干物

材料

あじの干物	2枚
タイム	4枝
オリーブオイル	適量
じゃがいも	1コ
塩	適量

作り方

1. まな板にフライパン用ホイルを広げ、あじの干物を皮目を下にしておく。タイム2枝をのせ、オリーブオイル少々をかけて、たたんではさみ（写真a）、フライパン用のホイルでくるくると巻く。同様にもう1つ作る。

2. じゃがいもは皮はむかずに半分に切って薄切りにし、オリーブオイル少々と塩をまぶす。

3. フライパンを弱火で熱し、1のあじを入れ、空いたスペースにじゃがいもを少し重ねて並べ入れる（写真b）。

4. 10～15分かけて両面に火を通し、ホイルをはずしてじゃがいもと一緒に器に盛りつける。

イタリアン

thyme

basill

いろいろな
ハーブでどうぞ

rosemary

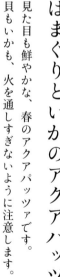
はまぐりといかのアクアパッツァ

見た目も鮮やかな、春のアクアパッツァです。貝もいかも、火を通しすぎないように注意します。

材料

はまぐり	6コ	にんにくのみじん切り	1かけ分
いか（やりいか、剣先いかなど		オリーブオイル	大さじ2
10cm以下のもの）	6杯	白ワイン	50ml
菜の花	1/2束(6本)	水	300ml
ミニトマト	6コ	塩	適量

作り方

1. はまぐりはバットに入れ、8分目まで3％の塩水をはり、新聞紙をかぶせ、2時間以上おいて砂抜きする。
2. いかは胴から足を引き抜き、軟骨を抜く。足は目の下を切り落とす（写真）。2～3％の塩水で洗って水気を拭く。
3. 菜の花、ミニトマトは半分に切る。
4. フライパンにオリーブオイル、にんにくを入れて中火にかけ、香りがたったらはまぐり、いか、白ワインを加え、沸騰したらフタをする。
5. はまぐりは開いたら、いかはぷくっと胴が膨らんだら器に取り出す。
6. 菜の花とミニトマト、水を入れて火を強め、汁が乳化するまで煮たら塩で味をととのえ、器に盛りつける。

さわらのフリッタータ

冬の寒ざわらは蒸し物で、さっぱりとした春のさわらは、フライがおすすめの食べ方です。

材料

さわらの切り身	2切れ
塩	2〜3つまみ
白ワイン	少々
揚げ油	適量
レモン	適量

	天ぷら粉	大さじ4
A	粉チーズ	大さじ1
	水	大さじ3

こんな魚でも

たい、すずき、ひらめ

作り方

1. さわらは3〜4等分のひと口大に切り、塩と白ワインをまぶす。
2. ボウルにAを合わせて混ぜる。
3. フライパンに揚げ油を深さ5mmほど入れて中火にかけ、さわらの水気を拭き取って2の衣にくぐらせて入れる。上下を返しながら、全体が薄く色づくまで揚げる。
4. 皿に盛りつけ、レモンを添える。

たこのトマトソースペンネ

たこは麺棒で叩いて、ミンチにします。繊維が壊れたたたこは、やわらかく、ソースもからみやすくなります。ストレス解消に、豪快に叩いてください。

材料

ペンネ・・・・・・・・・・・・・・・・・・	120g
ゆでたこ ・・・・・・・・・・・・・・・	150g
玉ねぎ・・・・・・・・・・・・・・・・・	1/2コ
にんにく・・・・・・・・・・・・・・・・	1かけ
ブラックオリーブ ・・・・・・・・・・	10コ
トマト水煮(缶詰)・・・・・	1/2缶(200ml)
ローリエ(あれば) ・・・・・・・・	1〜2枚
赤唐辛子・・・・・・・・・・・・・・・・	1本
塩、こしょう・・・・・・・・・・・・・・	各適量
オリーブオイル・・・・・・・・・	大さじ2

作り方

1. ペンネは1ℓに対して小さじ2の塩を加えた湯で表示時間より3分短くゆでる。ゆで汁は適量とっておく。

2. ゆでたこはポリ袋に入れ、まな板の上で麺棒などで繊維を壊すようにミンチ状になるまで叩く(写真)。

3. 玉ねぎ、にんにくはみじん切りにする。ブラックオリーブは包丁の腹でつぶす。

4. フライパンにオリーブオイルとにんにくを入れて中火にかけ、香りがたったら玉ねぎを加えて炒める。

5. 玉ねぎが透き通ってきたらトマト水煮、ローリエ、赤唐辛子を加え、フタをして10分煮る。

6. ペンネ、ブラックオリーブ、たこを加え、ペンネのゆで汁を足しながら3〜4分煮込み、塩こしょうで味をととのえる。

イタリアン

生だこでも同様につくれます

スパニッシュな魚のごちそう

いわしの丸干しとオリーブのオイル煮

生のいわしは下処理が面倒ですが、丸干しを使えば、こんなに簡単。キッチンを汚さずに、バル風のおつまみが完成です。

材料

いわしの丸干し（15cmほどのもの）
.... 6尾
グリーンオリーブ............ 6コ
にんにく................ 1かけ
ローズマリー............ 1〜2枝
オリーブオイル............ 適量

作り方

1. いわしの丸干しは頭と内臓部分を切り落とし（写真）、お腹の中に内臓が残っていたらキッチンペーパーで拭き取る。にんにくはつぶす。

2. フライパンにオリーブオイルを深さ2〜3mmほど注いで、いわし、グリーンオリーブ、にんにく、ローズマリーを入れて弱火にかける。ときどき返しながら、10〜15分じっくりと焼く。

3. オイルごと器に盛りつける。

内臓はいわしの肛門を目印に斜めに切り落とします。

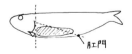
肛門

小顔でずん胴がおいしいのです。

こんな魚でも
さんまの丸干し、ししゃも

たこのガリシア風アヒージョ

スペイン・ガリシア地方の名物料理と、
アヒージョを合体させてみました。
たこは1日おくと、
よりやわらかくいただけます。
お好みで唐辛子を加えて、
ピリ辛にするのもいいですね。

材料

ゆでたこの足	2本
じゃがいも	1コ
にんにく	1かけ
オリーブオイル	適量
パプリカパウダー	適宜

作り方

1. たこはまな板にのせ、麺棒などで皮ができるだけ破れないように加減しながら、繊維を壊すように全体を叩く。
2. じゃがいもは2〜3cmの角切りにする。にんにくはつぶす。
3. フライパンにたこ、じゃがいも、にんにくを入れ、オリーブオイルをたこの1/3程度の深さまで注いで火にかけ、ときどき上下を返しながら15〜20分弱火で煮込む(写真)。
4. 器に盛りつけ、好みでパプリカパウダーをふる。

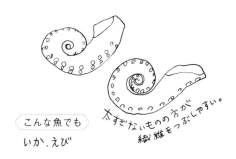

太すぎないものの方が繊維をつぶしやすい。

こんな魚でも
いか、えび

32

さば缶と長ねぎのトルティージャ

フライパンの形に焼いていくスペイン風のオムレツを
さば缶で手軽に作ります。

スパニッシュ

〔 材 料 〕 16cmのフライパン1コ分

さば水煮缶‥‥‥‥‥1缶(150g)
長ねぎ‥‥‥‥‥‥‥‥‥1/2本
卵‥‥‥‥‥‥‥‥‥‥‥‥3コ

オリーブオイル‥‥‥‥大さじ2
にんにく‥‥‥‥‥‥‥‥1かけ
塩、こしょう‥‥‥‥‥各適量

〔 こんな魚でも 〕
さけ水煮缶、いわし水煮缶

〔 作り方 〕

1. 長ねぎは2cm長さに切る。にんにくはみじん切りにする。

2. フライパンにオリーブオイル大さじ1とにんにくを入れて中火にかけ、
   香りがたったら汁気をきったさばの水煮を入れ、2cm角くらいの大
   きさに崩しながら、水分を飛ばす。

3. 卵は大きめのボウルに割りほぐし、2を加えて混ぜ合わせ、塩ひとつ
   まみと、こしょう少々を加える。

4. 2のフライパンにオリーブオイル大さじ1を中火で熱し、3を流し入
   れ、卵が均一に固まるように大きく混ぜてから、さばの間に長ねぎを
   切り口が上になるように入れる。

5. フタをして火を弱めて10分ほど蒸し焼きにし、8割ほど卵液が固まっ
   たらバットや皿に取り出し、裏返してフライパンに戻し入れ、フタを
   してさらに5分ほど火にかける。

しいたけのサーディン焼き

バルの代表的なタパス「マッシュルームの生ハム詰め」をしいたけとオイルサーディンでアレンジしました。

材料

しいたけ	8枚
オイルサーディン	1/2缶（30g）
アンチョビ	2〜3枚
粒マスタード	小さじ1
おろしにんにく	少々
オリーブオイル	大さじ2

こんな魚でも
いわし水煮缶、さんま浦焼缶

作り方

1. オイルサーディンとアンチョビはキッチンペーパーにおいてオイルをきり（写真）、ボウルに入れてフォークなどで粗くつぶし、粒マスタード、おろしにんにくを加えて混ぜる。

2. しいたけは軸を手で取り、かさの内側に1を詰める。

3. フライパンにオリーブオイルを熱し、しいたけを下にして並べ入れ、しいたけに火が通るまで弱火で5〜10分焼く。

塩
たらコロッケと
塩
たらのポテサラ

途中の工程までは同じです。
そこまで作っておけば、
食べたいときに
コロッケもポテサラも
すぐに作れます。

【共通の作り方】

材料

塩たらの切り身	2切れ
じゃがいも	2コ
玉ねぎ	1コ
にんにく	少々
牛乳	150ml

こんな魚でも
塩さけ、さけ水煮缶

作り方

1. 塩たらは水気を拭き取り、骨を取り除く。玉ねぎは縦半分に切ってから繊維と直角に1cm厚さに切る。にんにくはつぶす。

2. フライパンに牛乳、玉ねぎ、にんにくを入れて中火にかけ、沸騰したらたらを加え、弱火にして火が通るまで煮る。

3. たらを木ベラで崩しながら、煮汁が少し残る程度まで煮詰めて火を止める（写真a）。

4. じゃがいもは皮つきのままラップに包み、電子レンジで6分ほど加熱する。中までやわらかくなったら皮をむき、3のフライパンに加えて、ゴムベラでなめらかになるまでつぶす（写真b）。

a

b

【塩たらコロッケ】

材料 12〜14コ分

パセリの粗みじん切り	大さじ2
薄力粉	大さじ4
水	大さじ3
パン粉	適量
揚げ油	適量
塩、こしょう	各適量

作り方

5. 工程4にパセリを加え、塩こしょうで味をととのえ（たらに塩分があるので、味見してから塩を加える）、12〜14等分にして、直径4cmほどのボール状に整形する。

6. 薄力粉と水を混ぜ合わせ、5をからめて、パン粉をまぶす。

7. フライパンに揚げ油を深さ1cmほど入れて弱めの中火にかけ、6を入れる。ときどき転がしながら、こんがり揚げ焼きにする。

スパニッシュ

【塩たらのポテサラ】

材料

塩	適量
バゲット	適量

作り方

5. 工程4をなめらかになるまで混ぜ合わせ、塩で味をととのえる。

6. 薄切りにしたバゲットをトーストして添える。

海鮮パエリア

寒い季節になると、スーパーに出回る寄せ鍋セット。鍋もいいですが、パエリアを作ってみませんか？フライパンに材料を次々加えていけば、一気に作れてしまうお助けレシピです。

材料 26cmのフライパン1コ分

米	2/3カップ
寄せ鍋セット	2人分
（さけ、たら、ほたて、えび、はまぐりなど）	
玉ねぎ	1/4コ
パプリカ	1/4コ
にんにく	1かけ
トマト	1/2コ
水	適量
白ワイン	50ml
オリーブオイル	大さじ2
焼塩、塩、こしょう	各適量
パプリカーパウダー	小さじ1/2
パセリのみじん切り	適宜
レモン	2切れ

作り方

1. 玉ねぎ、パプリカは5mm角に、にんにくはみじん切りにする。トマトはざく切りにして、水と合わせて600mlにする。

2. 魚介に焼塩をふって10分ほどおき、切り身の水気を拭き取る。

3. フライパンにオリーブオイルとにんにくを入れて中火にかけ、玉ねぎ、パプリカをさっと炒めて脇に寄せ、2の魚介を入れる。途中上下を返して両面を焼き、火が通ったさけ、たら、ほたては取り出す。

4. 1のトマトを合わせた水、白ワインを加えて5分ほど弱火で煮込み、えびとはまぐりを取り出して塩、こしょう、パプリカパウダーで味をととのえ、米を洗わずに入れる。ざっと全体を混ぜ合わせ、強火で10分、混ぜずに煮込む。

5. 取り出した魚介を戻し入れ、火を弱めて1〜2分したら火を止める。このタイミングで米がかたいときは、フタをして蒸らす。

6. パセリをちらし、レモンを添える。

スパニッシュ

殻付きのものからダシが出ます。

こんな魚でも
あさり、いか、わたりがに

カフェの魚のごちそう

ガーリック・オイスター・シュリンプ

ハワイ名物のガーリック・シュリンプを中華風にアレンジしました。多めの黒こしょうも、おいしさのポイントです。人目を気にせず、手づかみで食べちゃってください！

材料

えび（殻つき）・・・・・・・・・・・・・・	大10尾
にんにく・・・・・・・・・・・・・・・・	2かけ
オリーブオイル・・・・・・・・	大さじ2
バター・・・・・・・・・・・・・・	10g
オイスターソース・・・・・・・	大さじ1/2
粗びき黒こしょう・・・・・・・・	小さじ1
ロメインレタス・・・・・・・・・・・・	適量

こんな魚でも いか、わたりがに

作り方

1. えびはハサミで足を切り落とし、背に包丁を入れて背わたを取り除き（写真）、2～3％の塩水（水500mlに対して塩約小さじ2）でさっと洗って水気を拭く。にんにくは粗みじん切りにする。

2. フライパンにオリーブオイルとにんにくを入れて中火にかけ、にんにくが薄く色づいてきたら火を少し弱めてえびを並べ入れ、両面を焼きつける。

3. 8割ほど火が通ったらバターとオイスターソースを加え、からめながら焼き、黒こしょうをふって火を止める。

4. ロメインレタスと一緒に盛りつける。

サーモンのグリル、チーズみそソース

ただグリルしただけのサーモンも、このチーズみそソースを添えればワンランクアップします。みそを加えることで、まろやかなコクが加わります。

材料

サーモンの輪切りまたは切り身
　‥‥‥‥‥‥‥‥‥‥　2切れ（280g）
焼塩、こしょう‥‥‥‥‥‥‥‥　各適量
薄力粉‥‥‥‥‥‥‥‥‥‥‥‥‥‥　適量
白ワイン‥‥‥‥‥‥‥‥‥‥　大さじ1
ブロッコリー‥‥‥‥‥‥‥‥　3～4房
スナップえんどう‥‥‥‥‥‥‥　4本
パプリカ（黄）‥‥‥‥‥‥‥‥　1/4コ
オリーブオイル‥‥‥‥‥‥‥　大さじ1
〈チーズみそソース〉
クリームチーズ‥‥‥‥‥‥‥‥‥40g
みそ‥‥‥‥‥‥‥‥‥‥‥‥　小さじ1
ヨーグルト‥‥‥‥‥‥‥‥　40gくらい

こんな魚でも　めかじき

作り方

1. サーモンは焼塩2～3つまみをまぶす。ブロッコリー、パプリカは食べやすい大きさに切る。スナップえんどうはヘタと筋を取り除く。

2. チーズみそソースを作る。クリームチーズは室温に戻してボウルに入れ、やわらかくなるまで練り、みそを加える。ソース状になるまで、ヨーグルトを加減しながら加える。

3. フライパンにオリーブオイルをひき、ブロッコリー、スナップえんどう、パプリカを並べ入れて焼き、火が通ったものから取り出す。

カフェ

4. サーモンの水気を拭き、改めて焼塩、こしょうをふり、薄力粉をまぶす。

5. 3のフライパンにサーモンを並べ入れ、弱めの中火で両面に焼き目をつける。白ワインを加え、フタをして5分ほど蒸し焼きにする。

6. 皿に盛りつけて2のチーズみそソースをかけ、3の野菜を添える。

焼きほたてときのこのサラダ

食べごたえのあるサラダです。パンを添えれば、カフェ風のランチに。

材料

ボイルベビーほたて‥‥‥ 16コ	塩、こしょう‥‥‥‥ 各適量
サニーレタス‥‥‥‥ 4〜5枚	オリーブオイル‥‥‥‥ 適量
しめじ‥‥‥‥‥‥ 1/2パック	A バルサミコ酢‥ 大さじ4
さやいんげん‥‥‥‥‥ 10本	しょうゆ‥‥‥ 大さじ2
ベーコンの細切り‥‥ 1枚分	

作り方

1. サニーレタスはオリーブオイル少々をからめて器に盛りつける。

2. しめじは食べやすい大きさにほぐす。さやいんげんはヘタを取る。

3. フライパンにボイルベビーほたて、2、ベーコンを並べ入れ、塩、こしょう、オリーブオイルを回しかけて中火にかけ、ときどき上下を返しながら火を通し、1のサニーレタスの上に盛りつける。

4. 3のフライパンにAを合わせて中火にかけ、煮詰めてとろみがついたら3にかける。

ほっけのフィッシュ＆チップス風 ビール揚げ

ほっけの開きを使うので、味つけは必要ありません。衣にビールを使うことで、カリッと揚がります。

材料

ほっけの干物‥‥‥‥‥‥‥‥ 1/2枚	
（中骨のない側）	
じゃがいも‥‥‥‥‥‥‥‥‥ 1コ	
塩‥‥‥‥‥‥‥‥‥‥‥‥ 適量	
揚げ油‥‥‥‥‥‥‥‥‥‥ 適量	
A 天ぷら粉‥‥‥‥‥ 大さじ4	
ビール‥‥‥‥‥‥ 大さじ3	
こしょう‥‥‥‥‥‥‥ 少々	
B タルタルソース（市販）‥ 大さじ4	
レモン汁‥‥‥‥‥‥ 小さじ1	
パセリのみじん切り‥ 大さじ1	

こんな魚でも　あじの開き、塩さば、ししゃも

作り方

1. ほっけは斜め半分に切る（写真）。じゃがいもは1.5cm角の棒状に切る。

2. フライパンに揚げ油を深さ5mmほど入れて中火にかけ、じゃがいもを入れて揚げ焼きにし、器に盛りつけて塩をふる。

3. ボウルにAを合わせて衣を作り、ほっけをくぐらせて2のフライパンに入れ、カリッと色づくまで揚げ焼きにし、油をきってじゃがいもの上に盛りつける。Bを混ぜ合わせたソースを添える。

カフェ

青春出版社
出版案内
http://www.seishun.co.jp/

テレビ、雑誌で「当たりすぎ!」と大反響!

続々重版!

怖いほど運が向いてくる!
四柱推命
【決定版】

水晶玉子

A5判並製 1800円+税
978-4-413-11340-3

2030年までわかる!

大判になって年表も見やすい!

●15万部突破ベストセラーに待望の[実践編]登場

恋愛・結婚・仕事・お金・健康… 人生に迷ったときの"決め手"が見つかる!

★ゲッターズ飯田さん推薦!★

四柱推命がわかりやすく簡単に表現されている最高の本!

〒162-0056 東京都新宿区若松町 12-1　☎03(3207)1916　FAX 03(3205)6339
書店にない場合は、電話またはFAXでご注文ください。代金引換宅配便でお届けします(要送料)。
＊表示価格は本体価格。消費税が加わります。

2102実-A
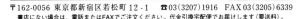

青春新書
INTELLIGENCE
こころ涌き立つ「知」の冒険

青春新書 インテリジェンス

最新栄養医学でわかった！
ボケない人の最強の食事術
物忘れ、軽度認知障害がみるみる改善！最新医学の"ボケない"食べ方とは

今野裕之

950円

慢性的な肩こり、腰痛の原因は"食事"にあるかもしれません！
骨と筋肉が若返る食べ方
寝たきりを防ぐ「栄養整形医学」

大友通明

950円

「日本人の体質」研究でわかった
長寿の習慣
20万人の健診結果と最新医学データで浮かび上がった長寿の人の共通点

奥田昌子

980円

日本一相続を扱う行政書士が教える
子どもを幸せにする遺言書
想いがきちんと伝わる書き方にはコツがある

倉敷昭久

920円

図解
「儲け」の仕組み
Airbnb、メルカリ、コマツ…新しい利益のツボがひと目でわかる！

株式会社
タンクフル

1000円

うまくいっている会社の
薬は減らせる！
いつもの薬が病気・老化を進行させていた
「薬を使わない薬剤師」が教える、「自分の「治る力」を引き出すヒント。

宇多川久美子

960円

「下半身の冷え」が
老化の原因だった
脳・体・足腰を元気に保つための食べ物・食べ方&生活習慣とは！

石原結實

920円

求人サイトや会社選び、面接突破の極意まで転職成功の秘訣が満載！
転職の
やってはいけない

郡山史郎

950円

仕事の不安、人間関係のイライラは「1日5分」の習慣で消せる！
脳科学者が教える
「ストレスフリー」な脳の習慣

有田秀穂

970円

認知症予防のカギとなる「奥歯」を守る、正しいセルフケア方法を紹介！
ボケたくなければ
「奥歯」は抜くな

山本龍生

950円

粘膜=体のバリアがパワーアップする食べ方があった！
粘膜免疫力
ウィルスに強くなる

溝口徹

900円

腸の栄養医学の第一人者が教える、発達障害の症状に合わせた食べ物・食べ方
発達障害は食事でよくなる
腸から脳を整える最新栄養医学

溝口徹

960円

腸の不調が「脳の栄養不足」を引き起こしていた！
「うつ」は
食べ物が原因だった！
【最新版】

溝口徹

950円

腸の専門医が教える「腸から元気になる」最新健康法
腸を温める食べ物・食べ方
図解ハンディ版

松生恒夫

1100円

1万件以上の相続を見てきた税理士が解説！家族がまとまるヒント
「親の介護・認知症」で
やってはいけない相続

税理士法人
レガシィ

930円

相続でもめる家族、モメない家族の違いとは？40年ぶりに改正された新相続法に対応。
やってはいけない「長男」の相続

税理士法人
レガシィ

830円

〈新書の図説は本文2色刷・カラー口絵付〉

こころを支える「教え」の真髄

[新書]
図説 日本の神々と神社
日本人なら知っておきたい、魂の源流。
三橋健 [監修]
1050円

[新書]
図説 親鸞の教え
なぜ、念仏を称えるだけで救われるのか。阿弥陀如来の救いの本質に迫る。
加藤智見 [監修]
990円

[新書]
あらすじでわかる！
法然と極楽浄土
地獄とは何か、極楽とは何か…法然の生涯と教えの中に浄土への道しるべがあった！
林田康順 [監修]
1133円

[新書]
あらすじでわかる！
真言密教がわかる！
空海と高野山
なるほど、こんな世界があったのか…空海が求めた救いと信仰の本質にふれる。
中村本然 [監修]
1114円

[新書]
あらすじとあらすじでわかる！
今昔物語集と日本の神と仏
羅城門の鬼…空海の法力…日本人の祈りの原点にふれる1059の物語
小峯和明 [監修]
1133円

[新書]
図説 地図とあらすじでわかる！
古事記と日本の神々
日本神話に描かれた知られざる神々の実像とは？
吉田敦彦 [監修]
1133円

[新書]
図説 日本の仏
あらすじでわかる！
釈迦如来、阿弥陀如来、不動明王…なるほど、これなら違いがわかる！
速水侑 [監修]
980円

[新書]
図説 地獄と極楽
生き方を洗いなおす！
あらすじと絵で読み解く「あの世」の世界！仏教の死生観とは？
速水侑 [監修]
1181円

[新書]
図説 地図とあらすじでわかる！
山の神々と修験道
日本人は、なぜ「山」を崇めるようになったのか。
鎌田東二 [監修]
1120円

[新書]
図説 浄土真宗ではなぜ
「清めの塩」を出さないのか
大人の教養として知っておきたい日本仏教、七大宗派のしきたり。
向谷匡史 [監修]
940円

[B6判]
あらすじでわかる！
日本の神様と仏様大全
小さな疑問から心を浄化する！
神様・仏様の全てがわかる決定版！いまさら聞けない163項！
廣澤隆之 [監修]
1000円

[新書]
図説 あらすじでわかる！
日蓮と法華経
なぜ法華経は「諸経の王」といわれるのか。混沌の世を生き抜く知恵！
永田美穂 [監修]
1133円

[新書]
図説 一度は訪ねておきたい！
日本の七宗と総本山・大本山
日本仏教の原点に触れる、心洗われる旅をこの一冊で！
永田美穂 [監修]
1210円

[新書]
図説 あらすじでわかる！
伊勢神宮と出雲大社
日本人の源流をたどる！様々な神事、信仰の源流をひもとく、二大神社の全貌に迫る。
瀧音能之 [監修]
1100円

[B6判]
出雲の謎大全
古代日本の実像をひもとく
「神々の国」で何が起きたのか。日本人が知らなかった日本古代史の真相。
瀧音能之
1000円

[新書]
運を開く
神社のしきたり
ご利益を頂いている人はいつも何をしているのか？神様に好かれる習慣
三橋健
890円

表示は本体価格

新しい生き方の発見！　毎日が楽しくなる
四六判並製

はじめまして更年期♥
40代からの不調が消える心と体のプチ習慣
女性ホルモンに振り回されず、人生をラクにハッピーにする！
永田京子
1400円

ファーストクラスCAの心をつかんだ
マナーを超えた「気くばり」
機内で噂される"超一流の乗客"のふるまいやマインドとは!?
清水裕美子
1400円

フェアリーと出会って幸せになる本
優しくて繊細な人を癒すフェアリー・ヒーリング・ブック
ヒーラーよしこ
1400円

自分もまわりも好きになる
[ほめ日記]
10万人が効果を実感した「自己肯定感」が上がる簡単な方法
手塚千砂子
1300円

女子の副業
夢もお金もあきらめない
「好き」「楽しい」はお金に換えられる！女性向きな副業を多数紹介
滝岡幸子
1360円

ひといちばい敏感な
あなたが人を愛するとき
全米ベストセラーを完訳、世界初HSPを提唱した著者が伝える幸せのヒント
エレイン・N・アーロン
1900円

オンライン就活は
面接が9割
オンライン面接ならではのコツとは!? 新時代の就活ガイド決定版！
瀧本博史
1370円

礼節を磨くと
なぜ人が集まるのか
"相手ファースト"な考え方で、仕事も日常も上手くいく！
七條千恵美
1300円

女の子は「脳の見る力」を育てなさい
クヨクヨしがち、友だちトラブル…女の子の心配事はこれで消える
加藤俊徳
1400円

10年後の子どもに必要な「見えない学力」の育て方
子どもが自分で考え行動しはじめる「見えない学力」の育て方とは？
木村泰子
1400円

いちばん大事な「子育て」の順番
0歳からのシュタイナー教育で、子どもの可能性をのばす！
虹乃美稀子
1380円

腎臓病
生透析なしで過ごす本
腎機能を長持ちさせる画期的療法「保存療法」の最新情報！
椎貝達夫
1360円

テレワークの達人がやっている
ゆかいな働き方
インターネット界の鬼才が放つ爆笑＆共感必須の"テレワークあるある"
林雄司
1400円

ムリなく健康体＆つや肌に変わる
うるおい漢方
"漢方式うるおい習慣"で、無理なく健康＆つや肌になれる！
大塚まひさ
1360円

「そろそろ、お酒やめようかな」
と思ったときに読む本
専門医が教えるアルコールとの正しいつきあい方、やめ方とは
垣渕洋一
1400円

自分の中の「親」を
浄化する本
親子呪縛を解き放ち、もっと自分らしくラクに生きていくためのヒント
原田真裕美
1400円

表示は**本体価格**

かじきとアボカドとトマトのグリル

淡白なめかじきは、
そのままだと物足りなさを感じることがあります。
でも、アボカドとトマトと一緒なら、
大満足のごちそうに！
カラフルな見た目もテンションが上がります。

（材料）フライパン16cm分

めかじき・・・・・・・・・・・・・・・2切れ
アボカド（完熟）・・・・・・・・・・小1コ
トマト・・・・・・・・・・・・・・・1/2コ
白ワイン・・・・・・・・・・・・・大さじ1
塩・・・・・・・・・・・・・・・小さじ1/2
シュレッドチーズ・・・・・・・・・・適量
A 粒マスタード・・・・・・・大さじ1
  オリーブオイル・・・・・・大さじ2

（作り方）

1. めかじきは1cm厚さのそぎ切りにし、白ワインと塩をまぶす（写真）。アボカドとトマトは1cm厚さの半月切りにする。

2. ボウルにAを合わせる。

3. めかじきの水気を拭き、フライパンにめかじき、アボカド、トマトを順番に重ねて並べる。2を回しかけ、中火にかける。

4. パチパチと音がしてきたらフタをして火を弱め、5分蒸し焼きにしたら火を止めて、そのまま5分おいて余熱で火を通す。

5. シュレッドチーズをかけてフタをして、溶けたらフライパンごと食卓に出す。

カフェ

カジキはマグロではなくこんな魚です

こんな魚でも
たい、さわら、すずき

塩さばには真さばやノルウェー産の大西洋さばが
使われます。これは真さば。

さば水煮缶、いわし水煮缶、スモークサーモン

塩さばカレーチーズのパニーニ

トルコ名物のさばサンドと、イタリアのパニーニの共演です。具材をパンにはさんで、重石をしてフライパンで焼きつけます。休日のブランチに出てきたら、うれしいメニューですね。

 材 料

ミニドックロール・・・・・・・・・・・・	4本
塩さば・・・・・・・・・・・・・・・・	1切れ
玉ねぎ・・・・・・・・・・・・・・・・	1/8コ
シュレッドチーズ・・・・・・・・・・・	80g
カレー粉・・・・・・・・・・・・・・・	適量

作り方

1. パンは横半分に切る。塩さばは骨を取り除き、パンの大きさに合わせて切り分ける。玉ねぎは薄切りにする。

2. フライパンにオーブンシートをしいて塩さばを入れ、カレー粉をかけて(写真a)弱めの中火にかける。さばの脂が出てくるまで両面を焼きつけ、シートごと取り出す。

3. パンにシュレッドチーズ、玉ねぎ、塩さばの順にはさみ、2のフライパンに並べ入れ、パンにバットや鍋のフタなどをのせて(写真b)、上に小皿などをのせて重石にし、弱火で2〜3分焼く。

4. 裏返して同様に焼く。

カフェ

a

b

さけの西京漬けとほうれん草のキッシュ

フライパンで蒸して作るお手軽なキッシュです。西京漬けと乳製品という意外な組み合わせですが、みその香りが生地になじみ、驚くほどのおいしさなんです。

材料　18cm×12cm×5cmの耐熱容器1コ分

さけの西京漬け（市販）	2切れ
ほうれん草	1/2束
ベーコン	1/2枚
卵	2コ
生クリーム	50ml
牛乳	50ml
シュレッドチーズ	40g
塩、こしょう	各少々

作り方

1. ほうれん草は塩ゆでして、しっかりと水気をしぼってきざむ。ベーコンは細切りにする。さけの西京漬けはみそを洗い流して水気を拭き、1cmのそぎ切りにする。

2. 卵をボウルに割りほぐし、生クリーム、牛乳、塩、こしょうを合わせて混ぜる。さけとチーズの塩分があるので塩は控えめにする。

3. 耐熱容器にほうれん草の1/4量をしきつめ、残りのほうれん草、さけ、ベーコン、シュレッドチーズを均等に入れて、2を注ぎ入れ、アルミホイルでフタをして竹串などで数カ所穴を開ける。液体が容器の8割ほどの高さになるようにすると、蒸したときにあふれない。

4. 大きめのフライパンに水を入れて中火にかける。沸騰したらたたんだ布巾をしいて3をおき、フタをして（写真）弱火で15～20分蒸す。

5. 火を止めて10分余熱で火を通し、取り出して粗熱がとれるまでおく。

カフェ

こんな魚でも

粕漬け（銀だら、さわら）、さけ水煮缶

定食屋の魚のごちそう

かつおのしょうが焼きだれ

かつおをレアにするか、ミディアムレアにするかはお好みで。どんな火の入れ加減でも、それぞれのおいしさがあります。脂ののった戻りがつおで作るのが、私のおすすめです。

材料

かつお(刺身用)・・・・・・	1/2柵(300g)
玉ねぎ・・・・・・・・・・・・	1/4コ
焼塩、こしょう・・・・・・・・・・	各適量
薄力粉・・・・・・・・・・・・・・・・	適量
ごま油・・・・・・・・・・・・・・・	大さじ1
好みの野菜・・・・・・・・・・・・	適量
A しょうゆ・・・・・・・・・・	大さじ1
酒・・・・・・・・・・・・・・	大さじ1
みりん・・・・・・・・・・・	大さじ1
おろししょうが・・・・・・	大さじ1

作り方

1. かつおは厚みを半分に切り（かつおが小さい場合は、厚みでなく長さを半分に切る）、焼塩を全体に薄くふる。玉ねぎは1cm幅のくし形に切る。

2. かつおの水気をキッチンペーパーで拭き取り、焼塩、こしょうをふって、薄力粉をふる。

3. フライパンにごま油を強火で熱して2を並べ入れ、両面を焼きつけて好みの焼き加減になったら取り出す。食べやすい大きさに切って、好みの野菜をしいた器に盛りつける。

4. 3のフライパンに玉ねぎを入れ、透明感が出るまで炒めたら余分な油を拭き取り、Aを加えて中火で煮詰め、かつおにかける。

しょうが焼きには
玉ねぎがよく合いますね…

こんな魚でも
まぐろの中落ち、めかじき

材料

さんまの三枚おろし
　‥‥‥‥‥‥‥‥‥‥　大２尾分
玉ねぎ‥‥‥‥‥‥‥‥‥‥　1/6コ
しょうがの薄切り‥‥‥‥　１枚
れんこん‥‥‥‥‥‥‥‥　4cm
ごま油‥‥‥‥‥‥‥‥　大さじ１
青ねぎの小口切り‥‥‥‥　適量

A
| みそ‥‥‥‥‥‥‥‥　小さじ１
| 酒‥‥‥‥‥‥‥‥　大さじ１
| 片栗粉‥‥‥‥‥‥‥　大さじ２

B
| 大根おろし‥‥‥　１カップ
| （水分を軽くきったもの）
| しょうゆ‥‥‥‥‥　大さじ１
| みりん‥‥‥‥‥‥　大さじ１

作り方

1. 玉ねぎ、しょうがは粗みじん切りに、れんこんは1cm厚さに切る。

2. さんまの身はぶつ切りにしてから包丁で細かくたたき、玉ねぎ、しょうがが、Aをまな板の上で合わせ、さらにたたく（写真）。

3. フライパンにごま油を弱めの中火で熱し、れんこんを焼いて取り出す。

4. 2を2等分して厚めの楕円形に整え、3のフライパンに並べ入れ、弱めの中火で両面に焼き色をつけ、フタをして火を弱めて5分焼く。

5. Bを加えて軽く煮込み、器に盛りつけて青ねぎをちらし、れんこんを添える。

さんまのおろしハンバーグ

さんまには、やっぱり大根おろしがつきもの。脂ののったさんまハンバーグを、「おろし煮」でさっぱりといただきます。

定食屋

こんな魚でも
いわし、にしん

三枚におろしてもらいましょう

54

豚肉の角煮は何時間も煮込みますが、魚なら20分ほど。ぶりのアラを肉に見立てた〝角煮〟です。

（ 材 料 ）

ぶりのアラ・・・・・・・・・・400g	塩・・・・・・・・・大さじ1〜2
大根・・・・・・・・・・・・8cm	しょうゆ・・・・・・・大さじ2
ねぎの青い部分・・・・・1本分	A　水・・・・・・・・・・・200ml
しょうがの薄切り・・4〜5枚	酒・・・・・・・・・・・100ml
大根の葉・・・・・・・・・・適量	砂糖・・・・・・・・大さじ2

（ こんな魚でも ）　ぶりの切り身、さば

（ 作 り 方 ）

1. ぶりのアラはボウルに入れて塩をまぶして10分以上おき、熱湯をひたひたに注いで、流水で血のかたまりやぬめりなどの汚れを洗い落とす。

2. 大根は2cm厚さの半月切りにし、耐熱容器に入れてふんわりラップをかけ、600Wの電子レンジで10分ほど加熱し、中までやわらかくする。

3. フライパンにねぎの青い部分をしき、しょうがの薄切り、1のぶりのアラ、2の大根を入れ、Aを加えて中火にかける。沸騰したらキッチンペーパーを全体にかぶせ、フタをして弱火で15分煮込む。

4. フタとキッチンペーパーを取り、しょうゆを加え、5分煮たら上下を返して火を止め、冷めるまでおく。

5. 温め直して器に盛りつけ、塩ゆでして刻んだ大根の葉をちらす。

ぶりの和風油淋鶏ソース

この油淋鶏ソースがあれば、魚が苦手な人も箸が止まらないはずです! 時間がたつと色が変わってしまうので、春菊は、食べる直前にソースに加えます。

材料

ぶりの切り身	2切れ
しょうゆ	大さじ1/2
酒	大さじ1/2
砂糖	大さじ1/2
おろししょうが	少々
片栗粉	大さじ2
揚げ油	適量
春菊のみじん切り	1株分

A		
	長ねぎのみじん切り	10cm分
	しょうがのみじん切り	大さじ2
	しょうゆ	大さじ1/2
	米酢	大さじ2
	砂糖	大さじ1/2
	ごま油	大さじ1/2

作り方

1. ぶりは半分に切り、しょうゆ、酒、砂糖、おろししょうがと一緒にポリ袋に入れ(写真)、10分以上おく(ひと晩おくと味がしっかりと染み込む)。
2. ボウルにAの材料を混ぜ合わせる。
3. ぶりの水気を拭き取り、片栗粉をたっぷりとまぶしつける。
4. フライパンに揚げ油を深さ5mmほど入れて弱めの中火にかけ、3のぶりを並べ入れる。ときどき上下を返しながら、5分を目安に全体をカリッと揚げ焼きにして取り出し、器に盛りつける。
5. 2に春菊を混ぜ合わせ、ぶりが熱いうちにかける。

定食屋

寒ぶりと呼ばれる

天然ものが出まわるのは冬

こんな魚でも
さば、かつお

56

かれいのすき煮

すき焼きには、牛肉派や豚肉派がいるようです。鶏すきというのもありますね。今日からは、魚も仲間に入れてください。

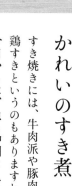

材料

かれい（なめたがれいなど）
・・・・・・・・・・・・・・ 2切れ
木綿豆腐・・・・・・・・・・・100g
ごぼう・・・・・・・・・・・ 15cm
わけぎ・・・・・・・・・ 1〜2本

A
しょうがの薄切り・・・・・
・・・・・・・・・・・ 3〜4枚
しょうゆ・・・・・ 大さじ2
きび砂糖・・・大さじ1と1/2
酒・・・・・・・・・・・ 100ml

こんな魚でも ひらめ、ぶり、さわら

作り方

1. かれいは中骨の脇に包丁を入れて半分に切り（写真）、ボウルに入れる。約90度の湯を注いで1分ほどおき、流水で洗って水気を拭く。

2. 豆腐は半分に切る。ごぼうはピーラーでささがきに、わけぎは食べやすい長さに切る。

3. フライパンにAを合わせて砂糖を溶かし、ごぼうを広げ入れ、その上にかれいを皮目を上にしておき、豆腐を入れて中火にかける。

4. 沸騰したらキッチンペーパーをかぶせてフタをし、火を弱めて5分ほど煮る（1で半分に切らない場合は10分ほど煮る）。

5. 火を止めてわけぎを加え、フタをして5分そのままおき、かれいに火が通ったら器に盛りつけ、ごぼうとわけぎを添える。

6. フライパンを火にかけ、煮汁を好みの濃さに煮詰めて5にかける。

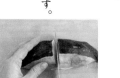

魚の切り身には、中骨つきと、ついてないものがあります。
煮魚にするなら、断然、中骨つきがおすすめ。
煮魚にありがちな、煮崩れの心配がありません

材料

真さば・・・・・・・・・・・・ 半身	
玉ねぎ・・・・・・・・・・・・ 小1/2コ	
しょうがの薄切り・・・ 2～3枚	
みそ・・・・・・・ 大さじ1と1/2	
豆板醤・・・・・・・・・・・・ 小さじ1/2	

三つ葉・・・・・・・・・・・・ 適宜		
A	水・・・・・・・・・・・・ 50ml	
	酒・・・・・・・・・・・・ 50ml	
	砂糖・・・・・・・・・・・・ 小さじ2	

こんな魚でも ぶり、いわし

作り方

1. さばは半分に切って皮に切り込みを入れ、ボウルに入れる。約90度の湯を注いで1分ほどおき、流水で洗って水気を拭く。

2. 玉ねぎは繊維と垂直に5mm幅の輪切りにする。

3. フライパンにAを合わせて砂糖を溶かし、玉ねぎを入れ、その上にさばをのせ、しょうがの薄切りを入れて中火にかける。

4. 沸騰したらキッチンペーパーをかぶせてフタをし、弱火で5分(さばの身が厚い場合は7～8分)煮て火を止め、そのまま5分おいて余熱で火を通す。さばを取り出し、器に盛りつける。

5. 4のフライパンの煮汁にみそ、豆板醤を加え、中火にかけて煮詰め、さばにかける。好みで刻んだ三つ葉をちらす。

さわらのレモン幽庵蒸し

ふっくらしたさわらの白身に、レモンがほのかに香る上品な魚料理です。蒸し器がなくても、フライパンなら蒸し料理も作れます。

材料

さわらの切り身	2切れ
しょうゆ	大さじ1
酒	大さじ1
レタス	2〜3枚
レモンの半月切り	6枚
しょうが汁	少々

作り方

1. さわらは水気を拭き取って、しょうゆ、酒と一緒にポリ袋に入れ、30分ほどおく(ひと晩おくとより味が染み込む)。
2. オーブンシートを広げてレタスをしき、1のさわらの水気をきっておいて、レタスをかぶせる。
3. フライパンに2を入れ、オーブンシートの中に水が入らないようにフライパンに水100ml(分量外)を注いで(写真)中火にかける。
4. 沸騰したらフタをして火を弱め、常に蒸気が出ている状態で7〜8分蒸す。火を止め、そのまま5分おいて余熱で火を通す。
5. 器に盛りつけ、レモンを3枚ずつのせ、しょうが汁をかける。

春のイメージが強いですが

冬の脂ののった寒ざわらもおすすめ。

こんな魚でも
たい、太刀魚、めかじき

定番屋

フライパン鯛めし

たいは魚の中でも、ちょっと贅沢な印象。でも、切り身ひと切れでも、大満足のひと品になります。しっかりほぐしてごはんにまんべんなく混ぜるのが、おいしさのポイントです。

材　料

材　料

米	1合
たいの切り身	1切れ
塩	小さじ1
しょうがの薄切り	2〜3枚
昆布	2cm×3cm×2枚
三つ葉	適量
サラダ油	少々
A しょうゆ	大さじ1/2
A 酒	大さじ3
A 水	150ml

こんな魚でも　小だい（1尾丸ごと）
あまだい、きんめだい
塩さば

作り方

1. たいは血合い骨を切り落として（写真）4等分に切り、全体に塩をまぶす。10分以上おき、さっと洗い流して水気を拭く。しょうがはせん切りにする。

2. 米は研いでザルにあげ、ボウルに移してAを合わせる。

3. フライパンに薄くサラダ油をひいて中火にかけ、たいを入れて表面が固まる程度に焼いて、2を加える。たいを米の上に並べ、しょうがと昆布を加えてフタをする。

4. 沸騰してきたら火を弱め、15分たったら火を止めて10分蒸らし、昆布を取り除いてよく混ぜる。

5. 茶碗に盛りつけ、刻んだ三つ葉をちらす。

定食屋

サーモンのフライパンユッケビビンバ

ごはんにおこげを作って、豪快に混ぜて食べてください。

トッピングの主役は、脂ののったサーモンのユッケ。

フライパンなら、石焼き風のビビンバも簡単です。

材料

温かいごはん・・・・・・・	2膳分
サーモン（刺身用・柵）・・・	150g
スプラウト・・・・・・	1/2パック
パプリカ・・・・・・・・・	1/8コ
ルッコラ・・・・・・・・	1〜2株
白いりごま・・・・・・・・・	適量
ごま油・・・・・・・・・・	少々

〈コチュジャンだれ〉

コチュジャン・・・・・	大さじ3
しょうゆ・・・・・	大さじ1と1/2
おろししょうが・・・	大さじ1/2
おろしにんにく・・・	小さじ1/2
ごま油・・・・・	大さじ1/2

こんな魚でも　まぐろ、かつお

作り方

1. ボウルにコチュジャンだれの材料を混ぜ合わせる。

2. サーモンは1cm角に切って別のボウルに入れ、1のコチュジャンだれの1/3量を加えて和える。

3. スプラウトは根を切り落とす。パプリカは薄切りにする。ルッコラは手でちぎる。

4. フライパンにごま油をひいてごはんをしき、2のサーモン、3の野菜を彩りよくのせ、白いりごまをふる。

5. 4を強火にかけ、パチパチと音がしてごはんに焼き目がついたら火から下ろしてよく混ぜ、残りのコチュジャンだれを混ぜながら食べる。

定食屋

たいと白菜の重ね蒸し

「豚ばら肉と白菜の重ね蒸し」を作ったことがある人は多そうです。実はこれ、魚で作ってもおいしいのです。

材料 フライパン16cm分

たいの切り身・・・・・・・ 2切れ		片栗粉・・・・・・・・・・・・ 適量
白菜・・・・・・・・・・・・・ 1/8株		酒・・・・・・・・・・・・・・ 100ml
ハム・・・・・・・・・・・・・・ 1枚		こしょう・・・・・・・・・・・ 適量
しょうがの薄切り・・・ 2〜3枚		塩・ポン酢しょうゆ・・・・ 適宜
焼塩・・・・・・・・ 2〜3つまみ		**こんな魚でも** めかじき、さわら

作り方

1. たいは中央の小骨の両端を切って小骨を取り除き（写真）、1cm厚さのそぎ切りにする。全体に焼塩をふって5分ほどおき、水気を拭いて片栗粉をまぶす。

2. ハムは半分に切って細切りにする。しょうがは細切りにする。

3. 白菜、たい、ハム、しょうが、白菜の順に2回重ね、4cm幅に切って切り口を上にしてフライパンに並べ入れる。

4. 3に酒を注いで中火にかけ、沸騰してきたらフタをして火を弱めて10分蒸す。火を止めてそのまま5分おき、仕上げにこしょうをふる。

5. 好みで塩やポン酢しょうゆをかけて食べる。

Izakaya

知らずに食べれば、まるで肉！な魚料理です。
ネギトロ用のまぐろのたたきが、
お手ごろ価格で売られていたらチャンスです！

まぐろのたたきのつくね

材料

まぐろのたたき	200g
長ねぎ	10cm
みりん	大さじ3
しょうゆ	大さじ1
おろししょうが	適量
青ねぎの小口切り	適量

A
溶き卵	1コ分
酒	大さじ2
パン粉	1/2カップ
おろししょうが	大さじ1/2
塩	ふたつまみ

作り方

1. 長ねぎは縦4等分にしてから5mm幅に切る。

2. ボウルにまぐろのたたき、1の長ねぎ、Aを合わせ、しっかり混ぜる。

3. 2を4等分して、手にごま油（分量外）をぬって涙型に整形し、フライパンに並べ入れる。包丁で格子状に筋をつけ（写真）、弱めの中火にかける。

4. つくねの縁が白くなってきたら裏返し、フタをして弱火で3分蒸し焼きにする。

5. フタを取って、みりん、しょうゆを加えて中火にする。

6. ときどきフライパンをゆすり、つみれを動かしながらたれを煮詰め、たれが少なくなってきたら裏返して全体にからめる。

7. 串に刺して器に並べ、おろししょうがと青ねぎをのせる。

こんな魚でも
たたいた サーモン

日本酒に
合いますね‥

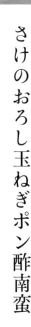

さけのおろし玉ねぎポン酢南蛮

市販のポン酢しょうゆを使えば、南蛮漬けも気軽に作れます。おろし玉ねぎを加えることで、酸味まろやかな仕上がりです。

材料

生さけ・・・・・・・・・・ 2切れ	ごま油・・・・・・・ 大さじ2～3
焼塩、こしょう・・・・・・ 各適量	おろし玉ねぎ・・・・・ 大さじ3
薄力粉・・・・・・・・・・・・ 適量	ポン酢しょうゆ・・・・・・・・・・
なす・・・・・・・・・・・・・ 1本	・・・・・・・・・・・ 大さじ1～2
しいたけ・・・・・・・・ 大3コ	一味唐辛子・・・・・・・・・ 適宜

こんな魚でも
ぶり、さば、めかじき、ほたて

作り方

1. さけは骨を取り除きながら3～4等分に切り、焼塩を全体に薄くふる。

2. なすはひと口大に切る。しいたけは石づきを切り落とし、半分に手でさく。

3. フライパンにごま油大さじ1をひいて弱めの中火にかけ、なすとしいたけを並べ入れる。ときどき上下を返しながら焼きつけ、火が通ったものから保存容器に移す。

4. さけの水気を拭き取り、軽く塩こしょうして薄力粉をまぶす。

5. 3のフライパンにごま油大さじ1～2を足し、4のさけを皮目を下にして入れ、全体に焼き色がついて、火が通るまで焼く。

6. 3の保存容器に5のさけ、おろし玉ねぎ、ポン酢しょうゆを入れてさっくりと混ぜ合わせ、好みで一味唐辛子をふる。

かきの昆布じめのみそ漬け

昆布じめしつつ、みそ漬けもしてしまう、夢のレシピ。お酒がすすんで仕方ない、ごちそうおつまみです。

（ 材料 ）

かき（加熱用）・・・・・・・・	300g
みそ・・・・・・・・・・・	大さじ1
昆布・・・・・・・・	10cm×15cm
酒・・・・・・・・・・・	大さじ2

（ こんな魚でも ）

ほたて（刺身用）

（ 作り方 ）

1. かきは大根おろし（分量外）と一緒にボウルに入れ、ヒダの汚れを落とす。流水で洗ってザルにあげ、キッチンペーパーにとって水気を拭く。

2. 昆布は酒でぬらしたキッチンペーパーで軽く拭く。昆布にかきを並べ、上からみそをぬり（写真）、ラップをかけて冷蔵庫にひと晩おく。

3. フライパンに酒を入れ、2のかきを昆布にのせたまま入れる。弱めの中火にかけ、フタをして1〜2分蒸し焼きにする。

69

ししゃもの七味マヨ

まぐろの甜麺醤

魚の串焼き 4種だれ

好きな魚を串に刺してフライパンで焼けば、居酒屋気分が盛り上がります。いろいろな魚で楽しめる「万能だれ」で召し上がれ。

ししゃもの七味マヨ

〈材料〉 4本分

ししゃも‥‥‥‥‥‥‥ 4本
マヨネーズ‥‥‥‥‥ 大さじ2
七味唐辛子‥‥‥‥‥ 小さじ1

〈作り方〉

1. マヨネーズと七味唐辛子を混ぜる。

2. ししゃもはそれぞれ串を刺し、フライパンに並べて弱火にかけ、火が通るまで両面を焼く。

3. 器に盛りつけ、1の七味マヨをぬる。

まぐろの甜麺醤

〈材料〉 4本分

まぐろ‥‥‥‥‥1/2冊(200g)
焼塩‥‥‥‥‥‥‥‥‥ 適量
甜麺醤‥‥‥‥‥‥‥ 大さじ2
しょうゆ‥‥‥‥‥‥ 大さじ1
ごま油‥‥‥‥‥‥‥‥ 少々
しょうがのせん切り‥‥‥‥
‥‥‥‥ 薄切り1〜2枚分

〈作り方〉

1. 甜麺醤としょうゆを混ぜる。

2. まぐろは半分に切り、それぞれ串を2本ずつ刺して薄く焼塩をふる。

3. フライパンに薄くごま油をぬって中火にかけ、2を両面1〜2分ずつ焼いて取り出し、半分に切る。

4. 器に盛りつけ、1の甜麺醤だれをかけ、しょうがをのせる。

居酒屋

70

いわしの梅みそ

さばのねぎ塩レモン

いわしの梅みそ

（ 材料 ） 4本分

いわしの開き‥‥‥‥	3尾分
梅肉‥‥‥‥‥‥	大さじ1/2
みそ‥‥‥‥‥‥	大さじ2
しそ‥‥‥‥‥‥	4枚
酒‥‥‥‥‥‥	適量
焼塩‥‥‥‥‥‥	適量

（ 作り方 ）

1. まな板に梅肉、みそ、手でちぎったしそをのせる。包丁でたたいて混ぜ合わせ、いわしにぬりやすいように酒を加えてのばす。

2. いわしは背ビレを切り落としながら半身に切り分け、全体に薄く焼塩をふり、くるりと巻いて3切れずつ串に刺す。

3. フライパンに2のいわしを入れて弱火にかけ、ときどき上下を返しながら火を通す。

4. 器に盛りつけ、1の梅みそをぬる。

さばのねぎ塩レモン

（ 材料 ） 4本分

さば‥‥‥‥‥	1/2～1/4尾分
長ねぎ‥‥‥‥‥	5cm
ごま油‥‥‥‥‥	大さじ1
レモン汁‥‥‥‥	小さじ1
焼塩‥‥‥‥‥‥	適量
こしょう‥‥‥‥	適量

（ 作り方 ）

1. 長ねぎはみじん切りにして耐熱のボウルに入れ、熱したごま油を回しかけ、レモン汁、焼塩を加えて混ぜ合わせる。

2. さばは2cm×8cmの棒状に切り、串を刺して全体に薄く焼塩をふる。

3. フライパンを弱火で熱し、さばを皮目を下にして並べ入れる。脂が出て焼き目がついたら裏返し、火が通るまで焼く。

4. 器に盛りつけ、1とこしょうをかける。

めかじきの唐揚げ、みそごまねぎ和え

"カリふわ"の歯ごたえは、めかじきの身を叩いてつぶして、まとめているから。お酒を誘う和え衣も絶品です。

材料

めかじきの切り身・・・ 大2枚（240g）
焼塩・・・・・・・・・・・・・・・・・ 適量
おろししょうが・・・・・・・・ 小さじ1
片栗粉・・・・・・・・・・・・・・・ 適量
酒・・・・・・・・・・・・・・・・・・・ 大さじ1
粉山椒・・・・・・・・・・・・・ 小さじ1/2
揚げ油・・・・・・・・・・・・・・・ 適量

A ┌ みそ・・・・・・・・・・・・・ 大さじ3
　│ みりん・・・・・・・ 大さじ1～2
　│ すりごま・・・・・・・・ 大さじ2
　└ 青ねぎの小口切り・・・・・・ 2本分

唐揚げには やっぱり ビール、ですね..

作り方

1. ボウルにAの材料を混ぜ合わせる。

2. めかじきは両面に焼塩を強めにふって10分ほどおき、水気を拭き取ってひと口大に切り、ポリ袋に入れてめん棒などで軽く叩いてつぶす(写真)。

3. 2のポリ袋におろししょうが、片栗粉大さじ3～4、酒を入れて混ぜ合わせ、ひと口サイズに手でまとめる。

4. フライパンに揚げ油を深さ2～3mmほど入れて中火にかける。3に片栗粉を多めにまぶし、ぎゅっと手で握り直してフライパンに入れ、揚げ焼きにする。

5. 全体にこんがりと揚げ色がついたら取り出し、熱いうちに1のボウルに入れてたれをからめる。器に盛りつけ、粉山椒をふる。

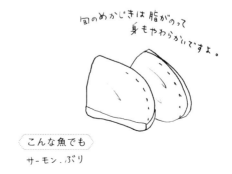

旬のめかじきは脂がのって 身もやわらかいですよ。

こんな魚でも
サーモン、ぶり

太刀魚の麻辣オイル蒸し
<small>マーラー</small>

身がやわらかい太刀魚は、蒸し料理がおすすめです。ふつうのラー油でもおいしいですが、ぜひ、しびれる辛さの四川ラー油で作ってみてください。

材料

太刀魚の切り身	2切れ
酒	少々
塩	適量
たけのこ	小1/4コ
エリンギ	中1本
しょうがの薄切り	1枚
四川ラー油	大さじ1〜2
しょうゆ	小さじ2
しそ	適量

こんな魚でも 白身魚全般

作り方

1. 太刀魚は背ビレに沿って表と裏からV字の切り込みを入れ、骨抜きなどで取り除く(写真abc)。皮目に縦に切り込みを入れ、酒と塩2〜3つまみをまぶす。

2. たけのこ、エリンギは薄切りに、しょうがはせん切りにする。

3. オーブンシートを2枚重ねて広げ、中央にたけのことエリンギをおき、水気を拭いた太刀魚をのせ、シートの両端をひねって船形にする。同様にもう1つ作る。

4. 3をフライパンに入れ、太刀魚に四川ラー油、しょうゆをかけ、オーブンシートの中に水が入らないようにフライパンに水100ml(分量外)を注ぎ入れ、中火にかける。

5. 沸騰したら火を弱めてフタをして5分蒸し、火を止めて余熱で5分蒸らす。

6. オーブンシートごと器に移し、しょうがのせん切りと手でちぎったしそをかける。

a

b

c

きすと豆腐の蒸し物、梅肉だれ

きすは蒸すことでふっくら。繊細でやさしい味わいのおつまみです。日本酒と一緒に、ゆっくり堪能してください。

材料

きす（天ぷら用）‥‥‥ 4尾分	
酒‥‥‥‥‥‥‥‥ 小さじ1	
塩‥‥‥‥‥‥‥ ひとつまみ	
絹ごし豆腐‥‥‥‥‥‥‥	
‥‥‥‥小2パック（300g）	
生わかめ‥‥‥‥‥‥‥ 60g	

〈梅肉だれ〉作りやすい分量
梅肉‥‥‥‥‥‥‥‥ 大さじ1
酒‥‥‥‥‥‥‥‥‥ 大さじ3
しょうゆ‥‥‥‥‥‥‥‥ 少々

こんな魚でも
白身の刺身

作り方

1. 梅肉だれを作る。梅肉は包丁でたたいて小鍋に入れ、酒と合わせて火にかける。とろみが出るまで煮詰め、しょうゆを加える。

2. きすは背ビレを切り落として半身に切り分け、酒と塩をまぶす。生わかめはざく切りにする。

3. フライパンにオーブンシートをしき、絹ごし豆腐を並べ入れ、その上に水気を拭いたきすを並べる。わかめは空いた場所におく。

4. シートの中に水が入らないようにフライパンに水100ml（分量外）を注いで中火にかけ、沸騰したらフタをして弱火で5分蒸し、火を止めて余熱で2～3分蒸らす。

5. 器に盛りつけ、1の梅肉だれをかける。

居酒屋

76

げそのチヂミ

ビールのおつまみにいかがでしょうか。
歯ごたえもおいしいチヂミです。

〈材料〉

いかの足・・・・・・・・・・・・80g	酒・・・・・・・・・・・・大さじ1
玉ねぎ・・・・・・・・・・・・1/4コ	水・・・・・・・・・・・・大さじ3
にんじん・・・・・・・・・・・3cm	ごま油・・・・・・大さじ2〜3
塩・・・・・・・・・・・ふたつまみ	コチュジャン・・・・・・・・・適量
薄力粉・・・・・・・・・・大さじ5	白いりごま・・・・・・・・・適量
卵・・・・・・・・・・・・・・・1コ	

〈こんな魚でも〉
ゆでたこ、あさり水煮.缶

〈作り方〉

1. いかの足は1〜2cm幅のざく切りにする。玉ねぎは長さを半分に切っ
   てから薄切りに、にんじんは3cm長さの細切りにする。

2. ボウルにいかの足、玉ねぎ、にんじん、塩を合わせ、薄力粉を加えて
   まんべんなくまぶす。卵、酒、水を加え、粉っぽさがなくなるまで混
   ぜる。

3. フライパンにごま油を中火で熱し、2をスプーンですくって落としていく。
   焼き色がついたら裏返し、火を弱めて火が通るまで焼く。途中で油が
   足りなくなったら、ごま油を加える。

4. 器に盛りつけ、コチュジャンと白いりごまをかける。

チーズ明太ポテト

じゃがいものガレットにチーズと明太子をトッピング。みんな大好きな組み合わせです。

居酒屋

材料

明太子 · · · · · · · · · · · · · · 60g	オリーブオイル · · · 大さじ2〜
シュレッドチーズ · · · · · · 40g	青ねぎ · · · · · · · · · · · · · · 適量
じゃがいも · · · · · · · · 大2コ	
薄力粉 · · · · · · · · · · 大さじ1	

こんな魚でも

スモークサーモン、
オイルサーディン、いくら

作り方

1. 明太子は切れ目を入れて、包丁の背で中身を押し出すようにこそげ出し、薄皮を取り除く。青ねぎは斜め切りにする。

2. じゃがいもは皮つきのまません切りにしてボウルに入れ、薄力粉をまぶす。

3. フライパンにオリーブオイル大さじ2を弱めの中火で熱し、2のじゃがいもを入れて丸く形を整えて焼いていく。

4. こんがりと焼けたら裏返し、火が通るまで弱火でじっくりと焼く。途中、油が足りなくなったら、その都度オリーブオイルを大さじ1ずつ足す。

5. シュレッドチーズと1の明太子をのせて青ねぎをふり、そのままテーブルに出して崩しながら食べる。

いわし明太焼き

ごはんに合うものはお酒に、
お酒に合うものはごはんにも合う。
よく言われることですが、これはまさしく、
そんなひと品です。

材料

材料	
いわしの開き	4尾分
明太子	80g
長ねぎの粗みじん切り	5cm分
ごま油	適量
ししとう	8本
焼塩	少々

こんな魚でも　あじ（フライ用）

作り方

1. 明太子は切れ目を入れて、包丁の背で中身を押し出すようにこそげ
   出し、薄皮を取り除いてボウルに入れ、長ねぎ、ごま油小さじ1/2
   を加えて混ぜる。

2. フライパン用ホイルにいわしの身を上にしておき、1の1/4量をの
   せてはさみ、ホイルでくるむ。これを4本作る。

3. フライパンに2を並べて弱火にかけ（写真）、いわしに火が通るまで
   表裏を返しながら10〜15分焼く。斜め半分に切り、ごま油少々で
   炒めて焼塩をふったししとうと一緒に盛りつける。

さばカレーうどん

飲んだあとの〆に、麺類がほしくなる人は多いのでは？体にもうれしいヘルシーな和え麺です。

材料

冷凍うどん・・・・・・・・・・・ 2玉	しょうがの薄切り・・・・・ 1枚
さばの缶詰(しょうゆ味)・・・・	カレー粉・・・・・・・ 小さじ1/2
・・・・・・・・・・・・・ 1缶(150g)	水・・・・・・・・・・・・・・・ 200ml
完熟トマト・・・・・・・・ 大1コ	塩・・・・・・・・・・・・・・・ 適量
長ねぎ・・・・・・・・・・・ 1/2本	パクチー・・・・・・・・・・・・ 適宜

こんな魚でも いわしの缶詰(しょうゆ味)、さけ缶

作り方

1. トマトはざく切り、長ねぎは1cm厚さの斜め切り、しょうがはせん切りにする。うどんはゆでて器に盛りつける。

2. フライパンにさば缶を汁ごと入れ、トマト、長ねぎ、しょうが、カレー粉、水を合わせて中火にかけ、さばを崩しながら煮る。

3. トマトがやわらかくなったら味をみて、味が足りない場合は塩でととのえる。うどんにかけて、好みでパクチーを飾る。

居酒屋

しめさばの焼きめし

しめさばは、こんがり焼きつけてもおいしいんです。ごはんは甘酢としょうゆで味つけするので、「お寿司屋さんの焼きめし」といった感じです。

材料

温かいごはん・・・・・・・ 2膳分	青ねぎ・・・・・・・・・・・・ 2本
しめさば・・・・・・・・・・ 1/2枚	みょうが・・・・・・・・・・・ 1コ
ガリ（甘酢しょうが）・・・・ 20g	白いりごま・・・・・・・ 小さじ1
ガリの甘酢・・・・・・・ 大さじ1	ごま油・・・・・・・・・ 大さじ1/2
しょうゆ・・・・・・・・ 大さじ1	

こんな魚でも
こはだ、あじなどの酢じめ

作り方

1. しめさばは1.5cm角に切る。ガリはみじん切りにする。青ねぎは小口切りに、みょうがは縦半分に切ってから薄切りにする。

2. フライパンにごま油を中火で熱し、しめさばを端に入れ、空いたスペースでごはん、ガリ、ガリの甘酢を合わせて、混ぜながら炒める。

3. しめさばに軽く焼き目がついたらごはんと合わせ、フライパンに空きを作って、そこでしょうゆを焦がして全体に混ぜる。

4. 器に盛りつけ、青ねぎ、みょうが、白いりごまをたっぷりとかける。

アジアな魚のごちそう

Asia

たいのタイカレーソース

皮までおいしい揚げ焼きした小だいに、タイカレー用のペーストを使ったソースをかけて。ダジャレから生まれたごちそうです。

材料

小だい・・・・・・・・・・	1尾（約20cm）
（ちだい、真だいなど）	
ナンプラー・・・・・・・・・・	適量
揚げ油・・・・・・・・・・・	適量
トマト・・・・・・・・・・・	小1/2コ
きゅうり・・・・・・・・・・	1/3本
バジル・・・・・・・・・・・	1枝
タイカレーペースト・・・・・・・	1人分
ココナツミルク・・・・・・・・	200ml
サラダ油・・・・・・・・・・	大さじ1

作り方

1. 小だいは胸ビレを（フライパンに入らないときは尾ビレも）ハサミで切り落とし（写真）、背ビレに沿って頭から尾に向かって切り込みを入れる。皮目にも切り込みを入れ、ナンプラーをまぶして10分以上おく。

2. トマトときゅうりは1cm角に切り、バジルは手でちぎってボウルに入れて混ぜ合わせる。

3. フライパンに揚げ油を深さ1cmほど入れて中火にかけ、水気を拭き取った1のたいを入れる。こんがりと揚げ色がついたら崩れないように気をつけて裏返し、5〜10分かけて火を通し、皿に盛りつける。

4. 3のフライパンをきれいにし、サラダ油、タイカレーペーストを入れて炒め、ココナツミルクを加えてとろみが出るまで煮込む。

5. 3のたいに4のソースと2の野菜をかける。

ウロコと内臓はとってもらいましょう。

こんな魚でも　たいの切り身

かれいのインド風カレー

ナンにもごはんにも合うインド風。ほかの魚でもおいしく作れるレシピですが、カレーだけにかれいで作ってみました。

材料

かれいの切り身	2切れ
玉ねぎ	小1コ
トマト	小1コ
カリフラワー	4〜5房
おろしにんにく	小さじ1
おろししょうが	小さじ1
カレー粉	大さじ1と1/2
水	400ml
粒マスタード	大さじ1/2
塩	適量
しょうがのせん切り	適量
サラダ油	大さじ2

作り方

1. かれいはヒレの付け根から1cmほど内側の縁の部分をすべてハサミで切り落とし（写真a）、中骨の脇に包丁を入れて半分に切る。ボウルに入れて90度ほどの湯を注いで1分おき、表面の汚れを流水で洗い流して水気を拭く。

2. 玉ねぎは縦半分にしてから長さを半分に切り、薄切りにする。トマトは1cm角に切る。カリフラワーは小さく分ける。

3. フライパンにサラダ油、玉ねぎを広げて入れて中火にかけ、焦げないように火加減を調節しながら茶色く色づくまで炒める（写真b）。

4. 玉ねぎの水分が抜けて飴色になってきたらおろしにんにく、おろししょうが、カレー粉、トマトの順に入れて炒め合わせる。

5. ペースト状になったら水を加え、沸騰したら1のかれいとカリフラワーを入れて15〜20分ほど火が通るまで、グラグラさせないようにゆっくり煮込む。

6. 粒マスタードを加え、塩で味をととのえ、器に盛りつけてしょうがのせん切りをちらす。

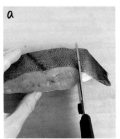

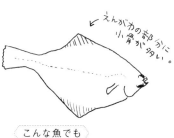

えんがわの部分に小骨が多い。

こんな魚でも

ひらめ、めかじき、まながつお

アジア

84

たいの揚げ春巻き

魚の身に春巻きの皮を隙間なく包むのがポイント。蒸されたようにふっくらと仕上がります。葉野菜に包んでかぶりついてください。

ミントがよくあいます。

葉っぱで巻いて
チリソースでどうぞ

材料　6本分

たいの切り身	2切れ
春巻きの皮	6枚
長ねぎ	5cm
パプリカ(赤・黄)	適量
ミント	適量
レタス	6枚
塩	ふたつまみ
酒	少々
揚げ油	適量
チリソース(市販)	適量

作り方

1. たいは2cm幅の棒状に切り、塩と酒をまぶす。長ねぎとパプリカはせん切りにする。

2. たいの水気を拭いて、春巻きの皮で7～8cm長さになるように包む(写真)。たいが小さければ2切れ包む。

3. フライパンに揚げ油を深さ5mmほど入れて弱めの中火にかけ、春巻きの巻き終わりを下にして並べ入れる。5分ほどかけて、皮が黄金色になってパリッとするまで、上下を返しながら揚げ焼きにする。

4. 春巻きと野菜を盛りつけ、春巻きが冷めないうちに、長ねぎやパプリカ、ミントと一緒にレタスで包み、チリソースをつけて食べる。

棒状に切って

こんな魚でも
さわら、すずき、めかじき

アジア

かきのバインセオ風

ベトナム風のお好み焼きです。
ココナツミルクのほんのり甘い生地で
"海のミルク"を包みます。

材料

かき（加熱用）・・・・・・・ 中6コ	
玉ねぎ・・・・・・・・・・・・ 1/8コ	
もやし・・・・・・・・ ふたつかみ	
塩、こしょう・・・・・・・ 各適量	
サラダ油・・・・・・・・ 大さじ1	

	薄力粉・・・・・・・・・ 大さじ4	
	片栗粉・・・・・・・・・ 大さじ2	
A	ココナツミルク・・・・・・ 100ml	
	ターメリック・・・ 2〜3つまみ	
	塩・・・・・・・・・・ ひとつまみ	

	ナンプラー・・・・・・・ 大さじ1
	レモン汁・・・・・・・・ 大さじ1
B	砂糖・・・・・・・・・・ 大さじ1
	唐辛子の輪切り・・・ ひとつまみ
	にんにくの薄切り・・・ 1/2かけ分

こんな魚でも

えび、いか、あさりのむき身

作り方

1. かきは3％の塩水で洗い、水気をきる。玉ねぎは1cm幅のくし形切りにする。

2. Aをボウルに合わせて泡立て器で混ぜる。

3. フライパンにサラダ油大さじ1/2を中火で熱し、かきと玉ねぎの半量を炒め、8割ほど火が通ったら、塩こしょうし、2の生地の1/2量を薄く流し入れて全体に広げ、フタをして火を通す。

4. フタを取ってもやしひとつかみを広げ入れ、強火にして生地に焼き目をつけてパリッとしたら半分に折りたたみ、皿に盛りつける。同様にもう1つ作る。Bを混ぜ合わせたたれを添える。

かますのナンプラー蒸し

フライパンを使えば、蒸し物も気軽に作れます。うまみの強い魚醤が、淡泊な魚と相性抜群です。

材料

かます・・・・・2尾(大きい場合は1尾)
ナンプラー・・・・・・・・・・・大さじ1/2
酒・・・・・・・・・・・・・・・・・大さじ1
しょうがの薄切り・・・・・・・2～3枚
パクチー・・・・・・・・・・・・・・適宜

ウロコと内蔵をとってもらえば、あとは蒸すだけ

こんな魚でも

きすなどの白身魚

作り方

1. かますは5cm長さに切り、皮に切り込みを入れ、ナンプラーをまぶす。しょうがはせん切りにする。

2. フライパンにオーブンシートをしき、かますを重ならないように並べ入れ、酒をふってしょうがをちらす。

3. オーブンシートの中に水が入らないようにフライパンに水100ml(分量外)を注ぎ入れ、シートが外に出ないようにフタをして中火かける。

4. 沸騰してから10分蒸して火を止め、フタをしたまま余熱で5分蒸らして火を通す。

5. 器に盛りつけ、好みでパクチーを飾る。

すずきの黒酢あんかけ

魚は片栗粉をまぶしてゆでるだけ。つるっとした食感も楽しい、ヘルシーなひと品です。

材料

すずきの切り身	2切れ
玉ねぎ	1/4コ
パプリカ(赤)	1/4コ
豆苗	1/2袋
酒	少々
塩	少々
片栗粉	大さじ1/2

	しょうゆ	大さじ1
	黒酢	大さじ1
A	砂糖	大さじ1
	おろししょうが	小さじ1/2
	酒または水	大さじ4
	片栗粉	大さじ1/2

こんな魚でも

さわら、たい、さけ

作り方

1. すずきはひと口大に切って骨を取り除き、酒と塩をもみ込む。玉ねぎ、パプリカは2～3cm角に切る。豆苗は長さを半分に切り器にしく。

2. フライパンに湯を沸かし、玉ねぎとパプリカをゆでて取り出す。

3. すずきの水気を拭き取って片栗粉を薄くまぶし、2のフライパンに入れて、沸騰させないように5分ほどゆでる。

4. フライパンの湯を捨てて、Aを入れて中火にかけ、混ぜながらとろみがつくまで煮たら、すずき、玉ねぎ、パプリカを入れて全体にからめ、1の豆苗の上に盛りつける。

アジア

あなごといえば、天ぷら? 甘辛煮? 面倒な料理がまず思い浮かびますが、ただ炒めるだけでも絶品なんです。

材料

あなご(生・開いたもの)・・・・・・	2枚
焼塩・・・・・・・・・・・・・・・・・・・・・・・・	適量
わけぎ・・・・・・・・・・・・・・・・・・・・・	4本
しょうがの薄切り・・・・・・・・	2〜3枚
酒・・・・・・・・・・・・・・・・・・・・・・・	大さじ1
粉山椒・・・・・・・・・・・・・・・・	小さじ1/2
ごま油・・・・・・・・・・・・・・・・・・	大さじ1

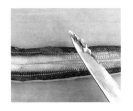

こんな魚でも
焼きあなご

作り方

1. あなごはまな板に皮目を上にしてのせ、シンクの中で斜めにかたむけて70〜80度の湯をかける。皮のぬめりが白く固まるので、包丁でこそげとる(写真)。1〜2cm幅に切って、焼塩を多めにふる。

2. わけぎは5cm幅に、しょうがはせん切りにする。

3. フライパンにごま油としょうがを入れて中火で熱し、香りがたったらあなごを皮目を下にして入れて1〜2分焼きつける。

4. わけぎを入れてさっと炒め合わせ、わけぎに火が入りきらないうちに酒と粉山椒を加え、さっと混ぜて火を止める。

冬になると、魚売り場にお目見えするあんこう鍋のセットを使って、韓国の鍋料理なんていかがでしょうか。

材料

あんこう鍋セット‥‥‥‥‥‥	セリ‥‥‥‥‥‥‥‥‥ 適量
‥‥‥‥‥ 2人分（250g）	豆もやし‥‥‥‥‥‥ 適量
絹ごし豆腐‥‥‥‥‥‥200g	水‥‥‥‥‥‥‥‥ 400ml
玉ねぎのくし形切り‥‥‥‥	酒‥‥‥‥‥‥‥‥ 50ml
‥‥‥‥‥‥‥ 1/4コ分	コチュジャン‥‥‥ 大さじ1
長ねぎの斜め切り‥ 10cm分	しょうゆ‥‥‥‥‥ 大さじ1
キムチ‥‥‥‥‥‥‥100g	ごま油‥‥‥‥‥‥ 大さじ1
しょうがのせん切り‥‥ 適量	こんな魚でも たら

作り方

1. あんこうは2〜3％の塩を加えた熱湯で1分ほど下ゆでする。
2. フライパンにごま油、玉ねぎ、長ねぎ、キムチ、しょうがを合わせて中火にかけ、2〜3分炒めてからあんこう、あんこうの肝を加えてさらに炒める。
3. あんこうの水分が出てきたら水と酒を注ぎ、沸騰して5分ほど煮る。
4. コチュジャン、しょうゆで味をととのえ、豆腐をスプーンで大きくすくい入れて軽く煮込む。
5. 器に盛りつけ、ざく切りにしたセリと豆もやしをのせる。

アジア

いかチリ麻婆

豆腐のつもりでひと口食べたら、思わぬ歯ごたえにびっくりなマーボーです。いかと豆腐を同じ大きさに切るのがお楽しみポイント。

材料

いか(刺身用)・・・・・・・・	100g
木綿豆腐・・・・・・・・・・・	100g
えのきだけ・・・・・・・・・	1/3袋
長ねぎ・・・・・・・・・・・・	15cm
しょうがの薄切り・・・・・	2枚
豆板醤・・・・・・・・・・	小さじ1/2
塩・・・・・・・・・・・・・・・	適量

ごま油・・・・・・・・・・・・・		大さじ1
A	しょうゆ・・・・・・・	小さじ1/2
	酒・・・・・・・・・・・・・	大さじ1
	水・・・・・・・・・・・・・	150ml
	片栗粉・・・・・・・・	大さじ1/2
	塩・・・・・・・・・・・	小さじ1/2

こんな魚でも

たこ、ほたて(刺身用)

作り方

1. いか、木綿豆腐は1〜1.5cmの角切りにする。えのきだけ、長ねぎ、しょうがはみじん切りにする。

2. ボウルにAを入れて混ぜ合わせる。

3. フライパンにごま油、しょうが、豆板醤を入れて中火にかける。香りがたったらえのきだけと長ねぎを入れ、カサが減るまで炒める。

4. 2をもう一度混ぜてから3に加え、とろみが出るまで混ぜながら煮る。いかと豆腐を加えてさらに2〜3分煮込み、塩で味をととのえる。

えび焼き餃子

えびだけで作る餃子は、
小籠包のようなたたずまい。
想像通りプリップリです。

材料

餃子の皮（大判）‥‥‥‥ 14〜16枚
むきえび‥‥‥‥‥‥‥‥ 180g
長ねぎのみじん切り‥‥‥ 5cm分
しょうがのみじん切り‥‥大さじ1
サラダ油‥‥‥‥‥‥‥大さじ1/2

A ┃ 片栗粉‥‥‥‥‥‥‥大さじ1
　┃ 紹興酒または酒‥‥‥小さじ2
　┃ ごま油‥‥‥‥‥‥‥小さじ2

にらのみじん切り‥‥‥‥
‥‥‥‥‥‥‥‥2〜3本分
B ┃ すりごま‥‥‥‥‥大さじ1
　┃ しょうゆ‥‥‥‥‥大さじ1
　┃ みりん‥‥‥‥‥‥大さじ1
豆板醤‥‥‥‥‥‥‥‥‥少々

作り方

1. むきえびは片栗粉（分量外）をもみ込んで洗い流し、水気を拭く。

2. むきえびをポリ袋に入れて麺棒で叩いてミンチ状にし、長ねぎ、しょうが、Aを入れて混ぜ合わせ、餃子の皮でひだを作って14〜16コ包む。

3. 2の餃子の皮の端と端に少し水をつけて、つまむようにつける。

4. フライパンにサラダ油を弱めの中火で熱し、餃子を並べ入れる。パチパチと音がしたら水50ml（分量外）を注ぎ、フタをして5分蒸し焼きにする。途中、水が足りなくなったら大さじ1ずつ足す。フタを取ってさらに30秒〜1分焼いて皮に焼き色をつけ、皿に盛りつける。Bを合わせたたれをかける。

アジア

しじみのフォー

ベトナムのライスヌードルを、しじみのスープで味わいます。うどんで作っても、実はおいしいのです。

材料

米粉麺	180g
しじみ	120g
酒	50ml
水	400ml
ナンプラー	大さじ1

しょうがのせん切り	
	薄切り2枚分
パクチー	適宜
A ゆずこしょう	小さじ1/2
米酢	大さじ2

こんな魚でも　あさり、はまぐり

作り方

1. しじみはバットに平らに入れ、8分目ほどの高さまで塩水（水100mlに塩約ひとつまみ）を注ぎ、新聞紙などを上からかぶせて2〜3時間涼しいところにおいて砂抜きする。

2. Aは合わせておく。

3. 米粉麺はぬるま湯に30分浸けてザルにあげ、たっぷりの湯で1分30秒ゆでて（もしくは商品の表示通りにゆでて）器に入れる。

4. フライパンにしじみ、酒、水を合わせて中火にかけ、沸騰してしじみの口が開いたら、ナンプラーで味をととのえて3にかける。

5. しょうがをちらし、パクチーを飾る。好みで2を加えて食べる。

ダンノマリコ

1973年生まれ。フードスタイリスト。栄養士。
フードコーディネーターのアシスタントを経て、フードスタイリストとして独立し、多くの書籍や雑誌のレシピ制作やスタイリングを担当する。
2016年に築地（現在は豊洲）の仲卸さんが主催する教室「築地お魚くらぶ」で改めて魚のおいしさ、楽しさ、奥深さに気づかされる。
魚好きが高じて、日本各地の漁港や市場を訪れ、漁師など魚のプロたちを取材。自宅のスタジオを拠点に、日本各地の旬の魚介を楽しむための料理会「ミナトゴハン」を主催する。日本の魚のおいしさを伝えるべく、ごはんの会や教室を多数企画・開催している。
近著に『保存食と食べ方テク』（朝日新聞出版）がある。

dannomariko_sakana
『フライパンひとつで魚のごちそう』公式ページ
https://note.com/fryingpan_sakana

アレンジレシピやわかりづらい工程の動画などをアップしています。

staff

ブックデザイン ····· 田中彩里
写真 ············ 鈴木江実子
スタイリング ····· ダンノマリコ
イラスト ········· ダンノマリコ
料理アシスタント ···· 岩﨑由美

フライパンひとつで魚（さかな）のごちそう

2021年4月1日　第1刷

著　者　　ダンノマリコ

発行者　　小澤源太郎

責任編集　株式会社プライム涌光

電話　編集部　03(3203)2850

発行所　株式会社青春出版社

東京都新宿区若松町12番1号〒162-0056
振替番号　00190-7-98602
電話　営業部　03(3207)1916

印刷　大日本印刷　　　製本　フォーネット社

万一、落丁、乱丁がありました節は、お取りかえします。
ISBN978-4-413-11352-6 C0077
© Danno Mariko 2021 Printed in Japan

本書の内容の一部あるいは全部を無断で複写（コピー）することは著作権法上認められている場合を除き、禁じられています。